...oga

...y otros relatos

Adaptación didáctica y actividades por **Carmelo Valero Planas**

Ilustraciones de **Alida Massari**

Redacción: Sara Servente
Diseño y dirección de arte: Nadia Maestri
Maquetación: Carlo Cibrario-Sent, Simona Corniola
Búsqueda iconográfica: Alice Graziotin

© 2013 Cideb, Génova, Londres
Primera edición: enero de 2013

Créditos fotográficos:
Istockphoto; Dreams Time; Shutterstock Images; Web Photo: 90;
© Hulton-Deutsch Collection/CORBIS: 92; Getty Images: 93.

Todos los sitios internet señalados han sido verificados en la fecha de
publicación de este libro. El editor no se considera responsable de los
posibles cambios que se hayan podido verificar. Se aconseja a los
profesores que controlen los sitios antes de utilizarlos en clase.

Para cualquier sugerencia o información se puede establecer contacto
con la siguiente dirección:
info@blackcat-cideb.com
www.blackcat-cideb.com

Member of CISQ Federation

RINA
ISO 9001:2008
Certified Quality System

The design, production and distribution of educational materials
for the CIDEB brand are managed in compliance with the rules of
Quality Management System which fulfils the requirements of the
standard ISO 9001 (Rina Cert. No. 24298/02/S - IQNet Reg. No. IT-80096)

ISBN 978-88-530-1342-2   libro + CD

Impreso en Italia por Litoprint, Génova

Índice

HORACIO QUIROGA 4

JUAN DARIÉN PRIMERA PARTE 9

SEGUNDA PARTE 18

TERCERA PARTE 27

CUARTA PARTE 35

EL LORO PELADO PRIMERA PARTE 45

SEGUNDA PARTE 51

EL POTRO SALVAJE PRIMERA PARTE 63

SEGUNDA PARTE 69

LAS MEDIAS DE LOS FLAMENCOS PRIMERA PARTE 77

SEGUNDA PARTE 84

DOSSIERS La Amazonía 58

La fiebre del caucho 91

CINE 90

ACTIVIDADES 6, 8, 13, 22, 31, 39, 44, 48, 54, 60, 62, 66, 73, 76, 80, 87, 93

TEST FINAL 94

Texto integralmente grabado.

Este símbolo indica las actividades de audición.

DELE Este simbolo indica las actividades de preparación al DELE.

Horacio Quiroga en la selva

Horacio Quiroga

La vida

Horacio Silvestre Quiroga nació en Salto (Uruguay), el 31 de diciembre de 1878. Fue el maestro del cuento latinoamericano. Sus relatos breves, retratan a la naturaleza como enemiga del ser humano, con escenas horribles y sangrientas. Por eso algunos lo comparan a Edgar Alan Poe, el gran escritor estadounidense.

En 1903, Quiroga fue a Misiones, en la frontera con Brasil y Paraguay, como fotógrafo de una expedición en la que su amigo y escritor Lugones, iba a investigar unas ruinas de las misiones jesuíticas. La jungla misionera le causó una profunda impresión y lo marcó para siempre.

Siete años después volvió a su amada selva. Compró unas tierras y construyó él mismo su casa de madera.

Se casó con una alumna suya y la llevó a vivir con él a la selva. Tuvieron dos hijos. Se ganaba la vida como cazador, pescador, carpintero, cultivaba la tierra como un campesino más.

Pero la joven esposa no se adaptaba a las duras condiciones de la jungla y cayó en una crisis depresiva que la llevó a la muerte.

Entonces empezó a escribir los *Cuentos de amor, de locura y de muerte*, y los *Cuentos de la selva*, dedicados a sus hijos, que dieron inicio al cuento infantil en Latinoamérica.

En 1927 se casó con su último y definitivo amor, María Elena Bravo, de 20 años, compañera de escuela de su hija Eglé, con las que vivió en la selva hasta el final.

Quiroga cuentista

El cuento es una narración breve de ficción, o sea, puede inspirarse en hechos reales, pero tiene que separarse de la realidad. Hay un personaje principal, aunque puede haber otros personajes secundarios. El argumento es muy sencillo. Está escrito en prosa y es bastante breve.

Quiroga y María Elena Bravo

Cuentos de la selva, es un libro de cuentos del escritor, publicado en 1918. Fue el libro más exitoso para niños, de Quiroga. La selva es el escenario y personaje siempre presente en estos cuentos. Es la lucha entre la selva tropical, violenta e incontenible, y el hombre, destructor de esa naturaleza salvaje. Y en medio de la selva, sus personajes, la mayoría de los cuales animales, que se expresan de la misma manera que los humanos: la serpiente, el tigre, los flamencos, la tortuga, el loro... Una lucha desigual que suele terminar con la derrota humana.

Pero también se exaltan valores como la amistad, la resistencia y la solidaridad y se reflejan sentimientos como la envidia, el egoísmo el orgullo. Pero eso sí, siempre nos dejan una enseñanza.

Horacio Quiroga escribió estos cuentos con profundo conocimiento del mundo que describía pero también del público infantil al que se dirigía. Estas historias fueron contadas por Quiroga a sus hijos antes de ser un libro y, por lo tanto, contienen la crudeza de la naturaleza y también el amor a la infancia a la que están destinados.

Comprensión lectora

DELE **1** **Después de haber leído el texto, conteste a las preguntas marcando con una ✗ la opción correcta.**

1   Según el texto, Quiroga es importante
   a ☐ porque se parece a Edgar Alan Poe.
   b ☐ porque fue misionero.
   c ☐ porque escribía bonitos cuentos.

2   Horacio Quiroga quedó influenciado para siempre
   a ☐ por las ruinas de los jesuitas.
   b ☐ por la selva amazónica.
   c ☐ por los indígenas.

3   En 1903 fue a Misiones
   a ☐ para ver a unos misioneros jesuitas.
   b ☐ para fotografiar unas ruinas.
   c ☐ para construirse una casa.

4   La alumna con la que se casó
   a ☐ le gustaba la selva.
   b ☐ quería volver a la ciudad.
   c ☐ no le gustaban los animales.

5   Para poder vivir en la selva
   a ☐ escribía cuentos.
   b ☐ cazaba y pescaba.
   c ☐ vendía libros.

Léxico

2 **Asocia cada definición a su significado.**

a ficción   c amistad   e lucha
b derrota   d éxito   f sencillo

1 ☐ Sentimiento recíproco de afecto y simpatía.
2 ☐ Invención, separado de la realidad.
3 ☐ Sin dificultad ni complicación, claro y natural.
4 ☐ Resultado adverso en un enfrentamiento.
5 ☐ Resultado feliz o muy bueno de algo.
6 ☐ Combate en el que se utilizan la fuerza o las armas.

Juan Darién

Antes de leer

Léxico

1 Las palabras del cuadro salen en el capítulo siguiente. Asocia cada una de ellas con su significado. Luego completa las frases.

a ☐ acontecimiento   f ☐ runrunear
b ☐ viruela   g ☐ viuda
c ☐ asustarse   h ☐ mansa
d ☐ sabio   i ☐ cachorro
e ☐ mamar   j ☐ cría

1 Sentir temor ante algo o alguien.
  Cuando veo una película de terror .... mucho.

2 Cría o individuo muy joven de cualquier mamífero.
  Quiero regalar uno de los tres .... negros que ha parido mi perro.

3 Suceso importante o de gran resonancia.
  La visita del ministro al pueblo ha sido un ....

4 Animal recién nacido o salido del huevo.
  Ya han salido las .... porque se han roto los huevos.

5 Enfermedad infecciosa con erupción de pústulas.
  Esas señales en la cara son por la .... que tuvo cuando era pequeño.

6 Persona a quien se le ha muerto su cónyuge.
  La amiga de mi madre se ha quedado .... porque su marido ha muerto en un accidente de coche.

7 Que sabe mucho, sensato, prudente.
  Albert Einstein era un .... que descubrió la teoría de la relatividad.

8 Animal que no ataca a las personas y se deja tocar o cariciar por ellas.
  No tengas miedo, mi perro es .... y lo puedes acariciar.

9 Ruido continuado y sordo que hacen algunos felinos cuando los acaricias.
  En cuanto cojo en brazos a mi gato, empieza a ....

10 Tomar las crías la leche de sus madres.
  Los cachorros de mi perra se pasan .... todo el día.

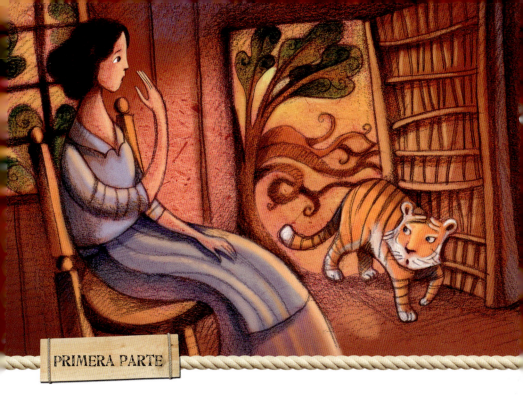

PRIMERA PARTE

Esta es la historia de un tigre que se crió y educó entre los hombres.
Fue a la escuela vestido de pantalón y camisa, aunque era un tigre de la selva, pero su figura era de hombre.

Una vez, a principios de otoño, la viruela visitó un pueblo de un país lejano y mató a mucha gente. Todos perdieron a algún familiar. Una pobre mujer joven y viuda llevó ella misma a enterrar a su hijo.

Sentada en el fondo de su casa, estaba muy triste mientras, a través de la puerta, veía la selva. Un día al anochecer, vio una cosa pequeñita y vacilante que entraba por la puerta, como un gatito sin fuerzas para caminar. La mujer lo cogió y era un tigrecito de pocos días, ya que tenía todavía los ojos cerrados. Al sentir el contacto de las manos runruneó de contento porque ya no estaba solo. La madre tenía en sus brazos aquel pequeño enemigo de los hombres, aquella fiera a la que podía eliminar fácilmente. Seguramente la madre de aquel indefenso cachorro había muerto.

La mujer entró en la casa y como el cachorro tenía hambre, sintió en su corazón herido que ante la suprema ley del Universo, una vida equivale a otra vida...

Y dio de mamar al tigrecito.

Estaba muy contenta porque el cachorro estaba salvado, pero si se llegaba a saber en el pueblo que ella criaba a un ser salvaje, seguro que iban a matar a la pequeña fiera.

¿Qué podía hacer? El cachorro suave y cariñoso, era ahora su propio hijo.

Una noche de lluvia, un hombre pasaba por la casa de la mujer y oyó un gemido ronco, como el de una fiera, y se asustó. Sacó su revólver y tocó a la puerta. La madre, loca de angustia fue a esconderlo en el jardín. Pero al abrir la puerta, una mansa, vieja y sabia serpiente le cerraba el paso. La desgraciada madre iba a gritar de terror, cuando la serpiente habló así:

—No tienes que tener miedo, mujer. Tu corazón de madre te ha permitido salvar una vida del Universo, donde todas las vidas tienen el mismo valor. Los hombres no te comprenderán y matarán a tu hijo. Pero tú ve tranquila, no te preocupes. Desde este momento, tu hijo tiene forma de hombre. Nunca lo reconocerán. Forma su corazón, enséñale a ser bueno como tú, y él no sabrá jamás que no es un hombre. Solamente si una madre de entre los hombres lo acusa y le exige la vida y el corazón de hombre que otra madre, tú, le ha dado con su pecho, tu hijo perderá su aspecto de hombre y morirá.

Y la madre creyó a la serpiente. Abrió la puerta y el hombre, furioso, entró con el revólver y buscó por todas partes sin encontrar nada. Cuando se fue, la mujer vio que el tigrecito se había convertido en un niño que dormía tranquilo en sus brazos.

Llena de alegría, lloró largo rato en silencio sobre su salvaje hijo hecho hombre.

Pasó el tiempo. El nuevo niño necesitaba un nombre y lo llamó Juan Darién. Necesitaba alimentos, ropa, calzado: su madre que trabajaba de día y de noche le dio todo.

Juan Darién era, efectivamente, digno de ser querido: noble, bueno y generoso como nadie. Nunca decía mentiras. Por su madre tenía una veneración profunda.

Iba a la escuela con los chicos de su edad. A menudo se burlaban de él, a causa de su pelo áspero y su timidez. No era muy inteligente, pero compensaba estudiando mucho.

Cuando el niño iba a cumplir diez años, su madre murió. Juan Darién sufrió muchísimo y desde entonces fue un muchacho triste que solo deseaba estudiar.

El pueblo no lo quería. A las gentes de los pueblos de la selva no les gustan los muchachos demasiado generosos y estudiosos. Además, era el primer alumno de la escuela. Todo esto llevó a un acontecimiento que dio razón a la profecía de la serpiente.

Después de leer

Comprensión lectora

1 Después de leer el texto contesta a las preguntas marcando con una ✗ la opción correcta.

1 Según el texto, mucha gente murió
- **a** ☐ porque era otoño y hacía mucho frío.
- **b** ☐ porque llegó un tigre de la selva.
- **c** ☐ a causa de una enfermedad.

2 La mujer que enterró a su hijo
- **a** ☐ era de media edad.
- **b** ☐ no tenía marido.
- **c** ☐ era muy pobre.

3 Según el texto, la madre del pequeño tigre
- **a** ☐ probablemente había muerto.
- **b** ☐ algún cazador la había matado.
- **c** ☐ lo había abandonado.

4 Como el cachorro tiene hambre la mujer
- **a** ☐ le da leche.
- **b** ☐ le da un pedazo de carne.
- **c** ☐ le prepara una sopa caliente.

5 La serpiente le dice a la mujer
- **a** ☐ que la vida de un hombre vale más que la del tigrecito.
- **b** ☐ que fuera del universo no hay vida.
- **c** ☐ que todas las vidas valen igual.

6 Los compañeros de Juan se reían de él
- **a** ☐ porque estudiaba demasiado.
- **b** ☐ por su aspecto físico.
- **c** ☐ porque no era muy inteligente.

Comprensión auditiva

2 Escucha el capítulo y marca con una **✗** la opción correcta.

1 La viruela mató a mucha gente
 a ☐ a principios del invierno.
 b ☐ en verano.
 c ☐ en otoño.

2 Cuando la mujer entró en la casa, el cachorro
 a ☐ tenía miedo.
 b ☐ tenía sueño.
 c ☐ estaba hambriento.

3 Cuando un hombre pasó por la casa de la mujer
 a ☐ hacía frío.
 b ☐ estaba lloviendo.
 c ☐ el sol estaba alto.

4 Juan Darién
 a ☐ era un mentiroso.
 b ☐ decía siempre la verdad.
 c ☐ era muy alegre.

5 Los compañeros de clase se reían de Juan
 a ☐ siempre que lo veían.
 b ☐ con frecuencia.
 c ☐ en clase.

6 Los compañeros se burlaban de él
 a ☐ porque tenía el pelo rubio.
 b ☐ porque era tímido.
 c ☐ porque era un tigre.

Gramática

El diminutivo

Es una palabra modificada para expresar pequeñez o poca importancia. También puede dar a la palabra un valor afectivo determinado. Generalmente, las palabras que terminan en vocal, hacen el diminutivo en -**ito/a**.

3 Forma los diminutivos de la columna de la izquierda. Algunos salen en el capítulo.

1 gato ....
2 casa ....
3 pequeña ....
4 hijo ....
5 tigre ....
6 ojos ....
7 patas ....
8 vieja ....
9 muchacho ....
10 pueblo ....

4 Ahora pon el nombre que proviene de los diminutivos.

1 pueblecito ....
2 indiecito ....
3 mujercita ....
4 ratoncito ....
5 Juanito ....
6 corazoncito ....
7 buenecito ....
8 animalito ....
9 madrecita ....
10 nochecita ....

Léxico

DELE **5** El niño Juan Darién necesita alimentos, ropa y calzado. Asocia cada imagen a la palabra correspondiente.

Alimentos:
a ☐ carne
b ☐ verdura
c ☐ fruta

Ropa:
d ☐ pantalones
e ☐ calcetines
f ☐ jersey

Calzado:
g ☐ botas
h ☐ sandalias
i ☐ zapatos deportivos

1

2

3

4

5

6

7

8

9

Expresión escrita

DELE **6** Usted va a escribir un correo electrónico a un amigo. En él debe:

- decirle en qué clase está
- cuántos son, chicos y chicas
- cuál es la asignatura que más le gusta y por qué
- si hay algún compañero/a del que se burlan
- saludar y despedirse

Número de palabras: entre 70 y 80.

Antes de leer

Léxico

1 Las palabras siguientes salen en la segunda parte del cuento. Asocia cada una de ellas con su significado.

a barro   c tartamudear   e rozar

b hipnotizar   d bigotes   f hojas (2)

1 ☐ Tocar ligeramente una cosa en otra al pasar o moverse.

2 ☐ Hablar o leer con dificultad repitiendo los sonidos.

3 ☐ Mezcla que se forma en el suelo con la tierra y el agua.

4 ☐ Producir un sueño artificial en una persona para influir sobre ella.

5 ☐ Órganos de la planta de color verde que crece en las ramas de los árboles.

6 ☐ Láminas delgadas de papel que componen un libro, un cuaderno.

7 ☐ Conjunto de los pelos que crecen en el labio superior.

2 Pon la palabra adecuada debajo de cada foto.

1   2

3   4

SEGUNDA PARTE

En el pueblo se iba a celebrar una gran fiesta, con fuegos artificales y todo. Un inspector llegó para visitar la escuela. El maestro llamó a Juan Darién, el primero de la clase, para dar la lección. Pero estaba emocionado, comenzó a tartamudear y la lengua se le trabó con un sonido raro.

El inspector extrañado le preguntó al maestro:

—¿Quién es ese chico? ¿De dónde ha venido?

—Se llama Juan Darién —respondió el maestro— , y lo crió una mujer que ya ha muerto, pero nadie sabe de dónde ha venido.

—Qué extraño... —murmuró el inspector observando el pelo áspero y el reflejo verde que tenían los ojos de Juan cuando estaba en la sombra.

El inspector sabía que en el mundo hay muchas más cosas extrañas de las que creemos. Y también sabía que haciéndole preguntas a Juan no iba a saber si el alumno había sido antes lo que él temía, esto es, un animal salvaje.

El inspector quería ponerlo a prueba, hipnotizarlo y ver si de esta manera conseguía hacer confesar a Juan que era un tigre y no un hombre.

—A ver, chicos, ahora tenéis que describir la selva: cómo es, qué hay en ella... —dijo el inspector.

Varios respondieron y todos decían más o menos lo mismo: hay árboles, lianas, ríos, serpientes...

Después le llegó el turno a Juan.

—Muy bien. Ahora te toca a ti, Juan Darién.

También él dijo más o menos lo mismo que los otros.

—No, no. Tienes que recordar bien lo que has visto. Cierra los ojos.

Juan cerró los ojos.

—Bien. Dime lo que ves en la selva.

—No veo nada —dijo después de pensarlo un rato.

—Pronto vas a ver. Imagínate que son las tres de la mañana, poco antes del amanecer. Estamos en la selva, en la oscuridad... Delante de nosotros hay un río... ¿Qué ves?

En la clase y en la selva había un gran silencio. De pronto, Juan Darién se emocionó, y con voz lenta, como soñando, dijo:

—Veo las piedras que pasan y las ramas que se doblan... Y el suelo... Y veo las hojas secas que se quedan aplastadas sobre las piedras...

—¡Un momento! —le interrumpió el inspector—. Las piedras y las hojas que pasan: ¿a qué altura las ves?

Esto lo preguntaba porque si Juan Darién estaba "viendo" efectivamente lo que él hacía en la selva cuando era animal salvaje e iba a beber, tenía que ver también que las piedras que encuentran un tigre o una pantera que se acercan muy agachados al río, pasan a la altura de los ojos.

—¿A qué altura ves las piedras? —repitió el inspector.

Siempre con los ojos cerrados, Juan respondió:

—Pasan sobre el suelo... Rozan las orejas... Y las hojas sueltas se mueven con el aliento... Y siento la humedad del barro en...

La voz de Juan se cortó.

—¿En dónde? —preguntó con voz firme el inspector—. ¿Dónde sientes la humedad del agua?

—¡En los bigotes! —dijo con voz ronca Juan Darién, abriendo los ojos espantado.

La clase había terminado. El inspector no era malo, pero como todos los hombres que viven muy cerca de la selva, odiaba a los tigres. La prueba había dado éxito positivo. Llamó al maestro y le dijo en voz baja:

—Es preciso matar a Juan Darién. Es una fiera del bosque, posiblemente un tigre. Si no lo hacemos, tarde o temprano, él nos matará a todos. Pero no podemos matarlo porque tiene forma humana, y no podemos probar que es un tigre. Yo sé que en la ciudad hay un domador de fieras, y seguramente encontrará la manera de convertirlo en tigre. Vamos a llamarlo enseguida porque Juan Darién se puede escapar.

Pero Juan Darién no pensaba en escaparse porque no se daba cuenta de nada. ¿Cómo podía creer que él no era un hombre, cuando nunca había sentido otra cosa que amor a todos, y ni siquiera odiaba a los animales dañinos?

Pero las voces fueron corriendo de boca en boca. No le respondían una palabra, se apartaban a su paso, y lo seguían desde lejos por la noche.

—¿Qué tengo yo? ¿Por qué se comportan así conmigo? —se preguntaba Juan Darién.

Los chicos y sus mismos compañeros le gritaban:

—¡Fuera de aquí! ¡Vuelve al lugar de donde has venido! ¡Fuera!

También las personas mayores estaban enfurecidas con él.

Después de leer

Comprensión lectora

DELE **1** **Lea el texto y después conteste a las preguntas marcando con una ✗ la opción correcta.**

1 Juan es el primero de la clase, lo cual quiere decir

- **a** ☐ que entraba el primero en clase.
- **b** ☐ que era el que sacaba las mejores notas.
- **c** ☐ que era el más alto.

2 El inspector sospecha que Juan es una fiera

- **a** ☐ oyendo que tartamudea.
- **b** ☐ observando unas rayas en su piel.
- **c** ☐ viendo un reflejo verde en sus ojos.

3 Según el texto, Juan Darién

- **a** ☐ viene de la selva.
- **b** ☐ es un chico poco estudioso.
- **c** ☐ no se sabe de dónde viene.

4 Según el inspector no pueden matar a Juan Darién

- **a** ☐ porque es un tigre peligroso.
- **b** ☐ porque es muy inteligente.
- **c** ☐ porque tiene forma de hombre.

5 Según el texto, llaman al domador inmediatamente

- **a** ☐ porque Juan puede huir.
- **b** ☐ porque solo él puede saber si es una fiera.
- **c** ☐ porque quieren echarlo fuera de la ciudad.

6 Todos seguían a Juan

- **a** ☐ desde cerca.
- **b** ☐ a una cierta distancia.
- **c** ☐ para reírse de él.

2 Di a qué personaje pertenecen estas frases.

1 "A ver chicos, ahora tenéis que describir la selva". ....

2 "Nadie sabe de dónde ha venido". ....

3 "Veo las piedras, el suelo y las hojas secas". ....

4 "Fuera de aquí, vuelve al lugar de donde has venido". ....

Gramática

Perífrasis verbales

La perífrasis es una construcción sintáctica formada por dos o más verbos, uno de los cuales en forma no personal: infinitivo, gerundio o participio.

- **Hay** + **que** + **infinitivo**
  Perífrasis de obligación, se usa solo en forma impersonal.
  Expresa obligación o necesidad:
  Hay que respetar a las personas ancianas.

- **Tener** + **que** + **infinitivo**
  Perífrasis de obligación. Tiene el significado del verbo deber.
  Si te duelen las muelas, tienes que ir al dentista.

3 Completa las frases con una de las dos perífrasis.

1 La nueva ley dice que no .... fumar en los lugares públicos.

2 Los chicos que vienen de excursión, ... estar en la estación a las nueve en punto de la mañana.

3 Jan, si quieres aprobar el examen .... estudiar más.

4 Para mantenerse en forma .... hacer ejercicio.

5 En la metropolitana, ... ceder el sitio a los minusválidos.

6 Para hacer el reciclaje, ... tirar la basura en los contenedores apropiados.

7 Pedro, si quieres entrar en la Facultad de Medicina .... tener un 30 de media.

8 Si queremos llegar a tiempo al concierto, ... coger un taxi.

Léxico

4 En el texto aparecen las palabras siguientes. Ponlas en la frase y el contexto y tiempo adecuados.

a	agacharse	f	tarde o temprano
b	darse cuenta	g	convertirse en
c	ponerse a prueba	h	cerca
d	un rato	i	nunca
e	enseguida	j	lejos

1 Como el colegio está muy .... de mi casa, voy a pie.

2 La profe .... todos los días para ver si hemos estudiado.

3 Esta tarde tenía que verme con Susana. La he estado esperando .... pero como no venía, me he ido.

4 Chicos, tengo que salir un momento, pero no voy a tardar, vuelvo . ...

5 Como es muy despistado no .... de lo que está pasando.

6 Mira, hay 20 euros en el suelo, ¿por qué no te .... los coges?

7 Carmen va a entrenar todos los días a la piscina, quiere .... en la mejor nadadora del colegio.

8 El cielo se está poniendo negro. Ya verás que .... va a llover.

9 Aunque me gustan los animales, ... he tenido una mascota.

10 Para ir al colegio cojo el autobús porque está .... de mi casa.

Comprensión auditiva

DELE **5** A continuación escuchará una noticia de radio. Oirá la noticia dos veces. Después marque la opción correcta con una ✗.

1   Este programa está dirigido a
   a ☐ las personas mayores.
   b ☐ a los niños.
   c ☐ a todo tipo de personas.

2   Es un programa que se hace
   a ☐ todos los días.
   b ☐ por la tarde.
   c ☐ una vez al mes.

3   Actualmente viven en el mundo
   a ☐ cinco mil tigres.
   c ☐ menos de ocho mil ejemplares.
   b ☐ cien mil ejemplares.

4   La mayor parte de los tigres vive
   a ☐ en Siberia.
   b ☐ en India.
   c ☐ en América.

5   Los tigres se están extinguiendo
   a ☐ porque no tienen qué comer.
   b ☐ a causa de los cazadores.
   c ☐ por enfermedades contagiosas.

6   De las ocho especies de tigre
   a ☐ solo quedan tres.
   b ☐ quedan cinco.
   c ☐ solo queda el tigre siberiano.

7   Si no se toman medidas, los tigres desaparecerán
   a ☐ en el siglo XXI.
   b ☐ dentro de cien años.
   c ☐ antes de dos siglos.

Antes de leer

Léxico

1 Asocia cada una de estas palabras que salen en el capítulo con su significado.

a látigo   **c** rayas   **e** atar   **g** arrastrar   **i** empujar

b botas   **d** jaula   **f** quemar   **h** echar   **j** pegar

1 ☐ Maltratar con golpes a una persona o animal.

2 ☐ Dar un golpe a alguien con el que se le obliga a moverse.

3 ☐ Sujetar a alguien con una cuerda o algo semejante.

4 ☐ Llevar o mover algo o alguien rozando por el suelo.

5 ☐ Utensilio generalmente de cuero que los domadores usan en el circo para golpear a las fieras, tigres, leones...

6 ☐ Hacer arder una cosa.

7 ☐ Calzado de cuero que cubre el pie y parte de la pierna.

8 ☐ Estructura hecha con barras, palos, para encerrar cualquier animal.

9 ☐ Dibujo de forma larga y fina, línea.

10 ☐ Obligar a alguien a marcharse de un sitio.

2 Completa las frases con la palabra y el tiempo adecuado.

1 Mi abuelo, cuando camina, ... los pies.

2 Ahora no se .... a los niños en las escuelas.

3 Alguien ha tirado un cigarrillo encendido y se ha .... todo el bosque.

4 Han .... a Carlos de la biblioteca porque siempre está hablando.

5 Atención, una pantera se ha escapado de la ....

6 La zebra tiene las .... blancas y negras.

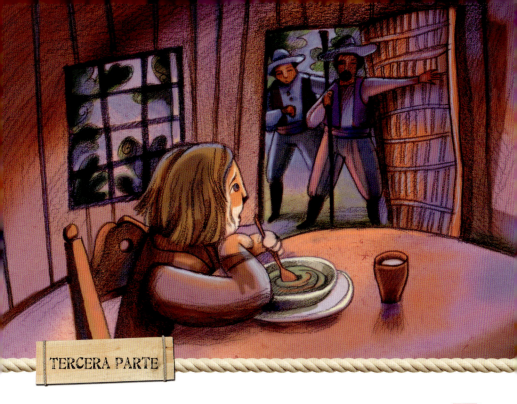

TERCERA PARTE

La tarde de la fiesta, Juan Darién estaba en su casa prepárandose la pobre sopa que tomaba, cuando oyó los gritos de las gentes que venían a su casa. No tuvo tiempo de salir para ver qué era. Lo cogieron y lo llevaron hasta la casa del domador.

—¡Aquí está! —gritaban y le pegaban—. ¡Este es un tigre! Quítale la figura de hombre y lo mataremos.

También sus compañeros a quienes más quería, y las mismas personas ancianas gritaban:

—¡Es un tigre! ¡Juan Darién nos va a devorar! ¡Juan Darién debe morir!

Juan Darién protestaba y lloraba porque lo golpeaban, y era un niño de doce años.

En ese momento llegó el domador, con grandes botas de cuero, chaqueta roja y un látigo en la mano.

—¡Ah —exclamó, —te reconozco bien! A todos puedes engañar,

menos a mí. ¡Bajo tu camisa estoy viendo las rayas de tigre! ¡Fuera la camisa, ahora vienen los perros cazadores! ¡A ver si los perros te reconocen como hombre o como tigre!

En un segundo lo desnudaron, lo metieron en una jaula, y cuatro perros feroces se lanzaron hacia él. Pero no vieron otra cosa en Juan Darién que al muchacho bueno, y movían contentos la cola al olerlo.

—¡Devóralo! ¡Es un tigre! —gritaba la gente. Pero los perros no hacían nada.

La prueba no había dado resultado.

—¡Muy bien! —exclamó el domador—. Estos perros no te reconocen, pero yo sí, y ahora lo vamos a ver.

—¡Tigre! —gritó—. ¡Estás delante de un hombre, y tú eres un tigre! ¡Bajo tu falsa piel de hombre veo las rayas de tigre! ¡Muestra las rayas!

Y le dio un feroz latigazo. El pobre niño desnudo gritó de dolor mientras la gente enfurecida repetía:

—¡Muestra las rayas de tigre!

—¡Por favor, me muero! —clamaba Juan Darién.

—¡Muestra las rayas! —le respondían.

—¡No, no, yo soy hombre! ¡Ay, mamá! —lloraba el infeliz.

Finalmente el suplicio acabó. Lo sacaron de la jaula. Su cuerpo estaba ensangrentado pero todavía podía caminar. La gente lo empujaba por la calle y lo echaba del pueblo.

—¡Fuera de aquí, Juan Darién! ¡Vuélvete a la selva, hijo de tigre y corazón de tigre! ¡Fuera!

Los que estaban lejos y no podían pegarle, le tiraban piedras.

Al final, Juan Darién cayó al suelo, buscando apoyo con sus tiernas manos de niño. El cruel destino lo esperaba: una señora que estaba parada en la puerta de su casa, sostenía en los brazos a una inocente criatura, y creía que las manos de Juan querían arrebatársela.

—¡Me quiere robar a mi hijo! —gritó— ¡Ha tendido las manos para matarlo! ¡Es un tigre! ¡Vamos a matarlo enseguida antes de que él mate a nuestros hijos!

De este modo se cumplía la profecía de la serpiente: Juan Darién iba a morir porque una madre de los hombres le exigía la vida y el corazón de hombre que otra madre le había dado con su pecho.

Todo el mundo, con piedras en la mano lo iba a matar, pero el domador dijo:

—¡Vamos a marcarlo con rayas de fuego y luego lo quemaremos en los fuegos artificiales!

Lo llevaron a la plaza cuando ya era de noche. Como era fiesta, había un castillo de fuegos de artificio, con ruedas, coronas y luces de Bengala. Ataron en lo alto a Juan Darién y encendieron el castillo.

—¡Es tu último día de hombre, Juan Darién! —gritaban todos—. ¡Muestra las rayas!

—¡Perdón, perdón! —gritaba el niño entre las llamas de fuego.

—¡Muestra las rayas! —gritaban los de abajo.

—¡No, perdón! ¡Yo soy un hombre! —decía el infeliz.

Un momento después, entre las llamas, su cuerpo se movía violentamente, sus gritos eran profundos y roncos y su cuerpo cambiaba poco a poco de forma. Y todos, con un grito salvaje de triunfo, vieron surgir bajo la piel de hombre las rayas negras del tigre.

La crueldad triunfaba, habían conseguido lo que querían. Allá arriba no había una criatura inocente, sino un cuerpo de tigre que agonizaba rugiendo. El cuerpo cayó pesadamente al suelo. La gente lo arrastró hasta el bosque y lo abandonó. Así, los chacales podían devorar su cadáver y su corazón de fiera.

Después de leer

Comprensión lectora

1 Después de leer el texto, di si las afirmaciones siguientes son verdaderas (V) o falsas (F).

		V	F
1	La tarde de la fiesta, Juan Darién estaba tomando una sopa en el restaurante.	☐	☐
2	Cuando lo cogieron, Juan lloraba porque le pegaban.	☐	☐
3	Los perros movían la cola porque habían reconocido que Juan era un tigre.	☐	☐
4	Las gentes lo llevaron fuera del pueblo para quemarlo.	☐	☐
5	El domador mató a Juan a latigazos.	☐	☐
6	Al final, los chacales se comieron el cadáver del tigre.	☐	☐

Comprensión auditiva

2 Escucha el capítulo y marca con una ✗ la respuesta adecuada.

1 La tarde de la fiesta, Juan Darién estaba
   a ☐ preparando la comida.
   b ☐ saliendo a la calle.
   c ☐ en la plaza.

2 Las gentes que venían a su casa
   a ☐ lo llamaban.
   b ☐ gritaban.
   c ☐ se reían.

3 Para reconocer que era un tigre, el domador
   a ☐ le quita la camisa.
   b ☐ le lanza los perros.
   c ☐ lo mete en una jaula.

4 Cuando lo sacaron de la jaula, Juan
   a ☐ no podía caminar.
   b ☐ le salía sangre de las heridas.
   c ☐ empezó a correr.

5 La gente que estaba lejos
   a ☐ le pegaba.
   b ☐ se reía y lo insultaba.
   c ☐ le tiraba piedras.

6 La señora parada en la puerta
   a ☐ tenía un niño en sus brazos.
   b ☐ se reía de Juan Darién.
   c ☐ cogía del brazo a Juan.

Gramática

Otras perífrasis verbales

- **Estar + gerundio**
  Indica una acción que se está desarrollando en el momento.
  —En este momento **estoy viendo** el partido de fútbol.

- **Ir + a + infinitivo**
  Indica algo que se va a realizar en un futuro inmediato.
  —Esta noche **voy a bailar** a la discoteca.

- **Acabar + de + infinitivo**
  Indica una acción apenas terminada.
  —Pablo, ¿quieres un helado?
  —No, gracias, **acabo de tomarme** uno.

3 Completa las frases con una de las tres perífrasis.

1 Juan Darién (*llorar*) .... porque le pegan.
2 Ahora mismo (*matar*) .... a Juan Darién.
3 El profe no está, (*salir*) .... pero vuelve enseguida.
4 Esta noche (*ver*) .... una película en casa de Marta.
5 Carlitos (*estudiar*) .... en la biblioteca.
6 Teresa no puede venir a la excursión, (*llamarme*) .... diciéndome que está enferma.
7 Me han dicho que Pedro (*jugar*) .... en un equipo de fútbol de primera división.
8 (*saber*) .... que te has licenciado en Filosofía y Letras. ¡Felicidades!
9 Si sigue estudiando así, (*sacar*) .... buenas notas.
10 En este momento, los bomberos (*apagar*) .... el incendio.

Léxico

4 Pon el artículo delante del nombre y únelo a la casilla correspondiente de la columna de la derecha.

1	.... leche	a ☐	el primero de su categoría.
2	.... miel	b ☐	venenosa.
3	.... tigre	c ☐	muy bonita y huele bien.
4	.... flor	d ☐	es necesaria para sazonar la comida.
5	.... serpiente	e ☐	muy nutritiva para los bebés.
6	.... sal	f ☐	cazador.
7	.... equipo	g ☐	roja y corre por las venas.
8	.... sangre	h ☐	dulce y amarilla.

Expresión escrita

DELE **5** Aquí están unas fotografías del viaje que usted hizo a Argentina visitando los lugares donde vivió Ignacio Quiroga. Escriba una composición para la clase de Geografía e Historia en la que deberá:

- explicar si viajó solo o en compañía
- decir cuándo y cómo fue
- describir los lugares que visitó
- si hizo algo especial

Número de palabras: entre 70 y 80.

Antes de leer

Léxico

1 Asocia cada palabra o expresión del cuadro que vas a encontrar en el capítulo, con su significado.

a desafiar   c trepar   e volver en sí   g degollar

b desmayarse   d arrodillarse   f ternura   h lazo

1 ☐ Recobrar el sentido o el conocimiento perdidos.

2 ☐ Matar a alguien cortándole la garganta.

3 ☐ Incitar a alguien a luchar en cualquier forma.

4 ☐ Actitud cariñosa y protectiva hacia alguien.

5 ☐ Pérdida del sentido y de las fuerzas.

6 ☐ Subir a un árbol sirviéndose de manos y pies.

7 ☐ Ponerse con las piernas dobladas, sosteniéndose con las rodillas.

8 ☐ Vínculo, cosa que une moralmente a las personas.

2 Pon a la derecha el infinitivo del verbo derivado del nombre que aparece en la columna de la izquierda. Tienes un ejemplo.

0 La unión   .....unir.............   4 El degüello   ....

1 La división   ....   5 La noche   ....

2 El desafío   ....   6 El recuerdo   ....

3 El desmayo   ....   7 La comprensión   ....

3 Asocia cada palabra a la foto correspondiente.

cañaveral   zarpa   llamarada

 1

 2

 3

Pero el tigre no había muerto. Con la frescura de la noche volvió en sí, y arrastrándose, con grandes dolores se internó en la selva. Pasó un mes entero en lo más profundo de la selva, esperando con la paciencia de fiera. Y finalmente sus heridas se curaron.

Solo una profunda quemadura en el costado no cicatrizaba. Cogió unas hojas y se la vendó.

De su forma perdida de hombre conservaba tres cosas: el recuerdo vivo del pasado, la habilidad de sus manos y el lenguaje.

Cuando se sintió curado, convocó una reunión con los otros tigres delante del cañaveral, al lado de los campos cultivados. Ya de noche fue al pueblo. Subió a un árbol y esperó largo tiempo inmóvil. Veía pasar a pobres mujeres, labradores cansados, de aspecto miserable. Hasta que al fin vio venir por el camino a un hombre con grandes botas de cuero y chaqueta roja.

Saltó y derribó de un zarpazo al domador que se desmayó. Lo cogió entre los dientes y lo llevó sin hacerle daño hasta el bosque.

35

En un cañaveral estaban los tigres moviéndose en la oscuridad, y sus ojos brillaban como luces que van de un lado para otro. El tigre dijo entonces:

—Hermanos: yo he vivido doce años entre los hombres, como un hombre mismo. Y yo soy un tigre. Esta noche quiero romper el último lazo que me une al pasado.

Después de hablar así, cogió con la boca al hombre y trepó con él a lo más alto de un árbol, donde lo dejó atado. Luego prendió fuego a las hojas secas del suelo y pronto una llamarada ascendió.

Los tigres retrocedían aterrorizados ante el fuego. Pero el tigre les dijo:

—Paz, hermanos. Y aquellos se calmaron, sentándose con las patas cruzadas a mirar.

El hombre, tocado por las llamas volvió en sí. Vio a los tigres allá abajo con los ojos verdes que lo miraban y lo comprendió todo.

—¡Perdón, perdón! —gritaba dolorido—. ¡Pido perdón por todo!

Nadie contestó. El hombre se sentía abandonado de Dios y gritó con toda su alma:

—¡Perdón Juan Darién!

Al oír esto, Juan Darién levantó la cabeza y dijo fríamente:

—Aquí nadie se llama Juan Darién. No conozco a Juan Darién. Este es un nombre de hombre, y aquí todos somos tigres.

Y mirando a sus compañeros les preguntó:

—¿Alguno de vosotros se llama Juan Darién?

En lo alto del árbol se podía ver un cuerpo negro, humeando, que se quemaba.

Luego fue de nuevo al pueblo, seguido por los tigres. Se paró delante de un pobre y triste jardín, saltó la pared, y pasando entre cruces y lápidas, se arrodilló como un hombre, delante de un pedazo de tierra sin ningún adorno, donde estaba enterrada la mujer a quien había llamado madre ocho años.

—¡Madre! —murmuró el tigre con profunda ternura—. Tú sola has sabido, entre todos los hombres, los sagrados derechos a la vida de todos los seres del universo. Tú sola has entendido que el tigre y el hombre se diferencian únicamente por el corazón. Y tú me has enseñado a amar, a comprender, a perdonar. ¡Madre! Estoy seguro de que me oyes. Soy tu hijo siempre. ¡Adiós, madre mía!

Luego, viendo los ojos verdes de sus hermanos que lo observaban detrás de la pared, se unió a ellos.

De pronto oyeron un disparo que venía de lejos.

—Es en la selva —dijo el tigre—. Son los hombres. Están cazando, matando, degollando.

Y mirando el pueblo exclamó:

—¡Raza sin redención! ¡Ahora me toca a mí!

Y volviendo a la tumba, se quitó la venda de la herida, y escribió en la cruz con su propia sangre, debajo del nombre de su madre:

Y

JUAN DARIÉN

—Ya estamos en paz —dijo. Y enviando con sus hermanos un rugido de desafío al pueblo aterrado, concluyó—: Ahora a la selva. ¡Y tigre para siempre!

Después de leer

Comprensión lectora

DELE ① **Lee el texto y contesta a las preguntas marcando la opción correcta con una X.**

1 En esta última parte del cuento se habla

  a ☐ de la muerte de un tigre.

  b ☐ de una venganza.

  c ☐ de un domador.

2 Según el texto, el tigre recobró el conocimiento

  a ☐ por el sol de la mañana.

  b ☐ por la humedad de la tarde.

  c ☐ por el fresco de la noche.

3 El tigre estuvo un mes en la selva

  a ☐ porque tenía miedo de volver al pueblo.

  b ☐ porque estaba herido.

  c ☐ porque no podía caminar.

4 Aunque se había convertido en tigre

  a ☐ conservaba las manos de hombre.

  b ☐ había perdido la memoria.

  c ☐ sabía hablar.

5 Subido a un árbol, el tigre esperaba

  a ☐ a unos labradores.

  b ☐ al domador.

  c ☐ a unas mujeres pobres.

6 Juan Darién vivió con su madre

  a ☐ hasta que fue mayor.

  b ☐ hasta que acabó la escuela.

  c ☐ ocho años.

Comprensión auditiva

DELE **2** A continuación escuchará a cinco personas que hablan de su mascota. Oirá la conversación dos veces. Después seleccione la imagen A-H, que corresponde a cada enunciado 1-5. Tiene que seleccionar cinco imágenes.

1 ☐ No se encuentra bien.

2 ☐ Le gusta estar al aire libre

3 ☐ Han ido a pasear por la mañana

4 ☐ Es muy independiente

5 ☐ Va a tener familia

A

B

C

D

E

F

G

H

Gramática

Los indefinidos

Alguien, nadie; algo, nada; todo

Estos indefinidos se usan como sustantivos y sirven para hablar de personas (*alguien, nadie*) o cosas (*algo, nada, todo*) sin especificar de qué tipo de persona o cosa hablamos.

Todos estos indefinidos son invariables.

*Aquí **nadie** se llama Juan Darién.*

3 **Completa las frases con alguno de estos indefinidos.**

1 —Tengo mucha hambre, ¿hay .... de comer?
   —Mira en la nevera, pero creo que no hay ....

2 —A estas horas de la noche no habrá .... en casa, está .... muy tranquilo.

3 —Hola, Pedro, ¿sabes si .... me ha llamado? —No, lo siento, no sé ....

4 —Es increíble, en esta casa .... está como hace cinco años, no ha pasado ....

5 —¿ .... ha visto mi móvil? Si .... lo ha visto, quiere decir que me lo han robado.

6 —Carmen dice .... lo que le pasa por la cabeza. No le importan .... las consecuencias.

7 —Si no han llegado todavía, ... ha pasado, seguro.
   —No te preocupes, ¡no pasa .... ¡

8 —Luisa, quiero saber .... de lo que estás haciendo últimamente; hace seis meses que no sé .... de ti.

9 —He ido a inscribirme a la universidad, pero .... me ha dicho que no había .... en la secretaría porque estaban en huelga.

10 —¿ .... se llama Juan Darién?
    No contestó ....

41

Léxico

4 Completa las frases con la palabra adecuada.

a conocimiento	**e** metió
b cima	**f** trepó
c de improviso	**g** tranquilizaron
d miedo	**h** heridas

1 Los tigre tenían .... del fuego.

2 El domador perdió el .... después de recibir un zarpazo del tigre.

3 Volvió en sí y con grandes dolores se .... en la selva.

4 Ya de noche, ... a un árbol y esperó inmóvil.

5 Los tigres se .... y se sentaron con las patas cruzadas.

6 En la .... del árbol se podía ver un cuerpo negro.

7 .... oyeron un disparo que venía de lejos.

8 Después de un mes en la selva, sus .... se curaron.

Expresión escrita

DELE **5** Usted ha recibido como regalo de cumpleaños una mascota. Escribe un correo electrónico a una amiga. En él debe:

- saludar
- decir quién le ha hecho el regalo
- describir a la mascota y decir cómo le ha cambiado la vida
- saludar y despedirse

Número de palabras: entre 70 y 80.

Expresión e interacción oral

DELE **6** Usted tiene que describir a sus compañeros la siguiente fotografía durante 2 ó 3 minutos.

- ¿Quién es esta persona? ¿Dónde está? ¿Qué hace?
- ¿Qué piensas de lo que hace?

El loro pelado

Antes de leer

Léxico

1 En el capítulo siguiente salen estas palabras. Asocia cada una de ellas con su significado correspondiente.

a pelado	**c** amaestrar	**e** mojar
b dañino	**d** cosquillas	**f** dueño

1 Persona que tiene la propiedad de algo.

"Ese señor es el .... de cinco apartamentos".

2 Persona o animal que carece de pelo, de plumas.

"He ido a la peluquería y el peluquero me ha dejado completamente ...."

3 Sensación que se siente cuando te tocan suavemente la piel y produce risa involuntaria.

"Cuando me tocas la oreja con la pluma tengo ...."

4 Adiestrar y enseñar a hacer ciertas habilidades a un animal.

"He llevado a mi perro a .... y ya sabe darme la pata."

5 Que causa daño o perjuicio.

"Fumar es .... para la salud."

6 Humedecer algo con agua u otro líquido.

"Hay que .... el pan en la leche para hacerlo más blando."

2 Asocia cada palabra a las fotos correspondientes.

a mazorca	**c** patas	**e** cola
b loro	**d** tigre	**f** leche

1   2   3   4   5   6

PRIMERA PARTE

Había una vez una banda de loros que vivía en el monte.

Por la mañana temprano iban a comer mazorcas de maíz, y por la tarde comían naranjas. Siempre tenían un loro de centinela en el árbol más alto para ver si venía alguien.

Los loros son muy dañinos para la agricultura pero también son buenos de comer, por eso los cazaban a tiros.

Un día, un campesino le disparó a un loro centinela y cayó del árbol herido. Se lo llevó a casa para sus hijos. Lo curaron, porque tenía solamente una ala rota, y lo llamaron Pedrito. Después de amaestrarlo, sabía dar la pata, le gustaba estar en el hombro de las personas y con el pico les hacía cosquillas[1] en la oreja.

Vivía libre y pasaba el día en los naranjos y eucaliptos del jardín. A las cinco de la tarde, hora del té, entraba en casa, se subía a la mesa y comía pan mojado en leche, le encantaba.

Oyendo a los chicos, aprendió a hablar. Decía:

—¡Buenos días, lorito!... ¡Rica la papa!... ¡Papa para Pedrito!...

Era un loro libre y feliz.

---

1. **cosquillas** : risa involuntaria causada por un contacto suave.

45

Un día se fue volando muy lejos, hasta que finalmente se paró a descansar en la cima de un árbol. De pronto vio brillar en el suelo dos luces verdes.

—¿Qué será? —se dijo el loro—. ¡Rica papa!... ¿Qué será eso?... ¡Buenos días Pedrito!...

El loro hablaba sin ton ni son, y como era muy curioso, bajó para acercarse y vio que aquellas dos luces eran los ojos de un tigre que lo miraba fijamente.

Pedrito no tenía miedo y lo saludó:

—¡Buenos días, tigre!

Y el tigre, con voz ronca le respondió:

—¡Buenos días!

Como eran las cinco, el loro tenía ganas de tomar té con leche.

—¡Rico té con leche! —le dijo—¿Quieres tomar té con leche conmigo, amigo tigre?

El tigre se enfadó porque lo que quería era comerse al pájaro hablador. Así que le contestó:

—¡Bueno, pero acércate un poco que soy sordo!

El loro voló hasta otra rama más cerca del suelo.

—¡Rica papa, té con leche! —respondió gritando el loro.

—¡Más cerca! ¡No oigo! —respondió el tigre.

El loro se acercó un poco más y dijo:

—¡Rico té con leche!

—¡Más cerca todavía! —repitió el tigre.

El loro se acercó más y el tigre dio un gran salto y con la punta de las uñas le arrancó todas las plumas de la cola, pero no lo mató.

—¡Toma! —rugió el tigre— Ve a tomar té con leche...

Gritando de dolor y de miedo, el loro se fue volando, pero como le faltaban las plumas de la cola, que es el timón de los pájaros, se caía continuamente al suelo.

Después de leer

Comprensión lectora

DELE **1** Después de leer el texto, conteste a las preguntas marcando la opción correcta con una ✗.

1 El personaje principal del cuento es

    a ☐ un pájaro.

    b ☐ un mamífero.

    c ☐ un pez.

2 En el texto se dice que los loros comían maíz

    a ☐ por la tarde.

    b ☐ durante la mañana.

    c ☐ al amanecer.

3 El loro se paró en la cima de un árbol

    a ☐ porque vio dos luces verdes.

    b ☐ porque estaba cansado.

    c ☐ para comer.

4 Cuando el loro hablaba

    a ☐ entendía lo que decía.

    b ☐ lo hacía para practicar.

    c ☐ no sabía lo que decía.

5 A las cinco de la tarde el loro

    a ☐ tomaba el té.

    b ☐ comía naranjas.

    c ☐ comía pan con leche.

6 Pedrito se acercó al tigre

    a ☐ porque quería saludarlo.

    b ☐ porque era muy curioso.

    c ☐ porque era un poco sordo.

Gramática

Pretérito imperfecto

Indica una acción situada en el pasado cuyo principio o fin no están bien definidos.

	amar	comer	partir
yo	am-aba	com-ía	part-ía
tú	am-abas	com-ías	part-ías
él, ella, usted	am-aba	com-ía	part-ía
nosotros/as	am-ábamos	com-íamos	part-íamos
vosotros/as	am-abais	com-íais	part-íais
ellos, ellas, ustedes	am-aban	com-ían	part-ían

Excepciones:

	ser	ir	ver
yo	era	iba	veía
tú	eras	ibas	veías
él, ella, usted	era	iba	veía
nosotros/as	éramos	íbamos	veíamos
vosotros/as	erais	ibais	veíais
ellos, ellas, ustedes	eran	iban	veían

2 Completa las frases con los verbos del recuadro en pretérito imperfecto.

> ser (x2)   ir   comer   hacer   hablar   tener   querer

1 Mi tío .... un loro muy simpático que .... todo el día.

2 A las cinco de la tarde nosotros .... pan mojado en leche.

3 Cuando mi hermano .... pequeño .... saber todo y .... muchas preguntas.

4 Cuando los abuelos .... a la escuela todo .... muy diferente.

Léxico

3 Busca en el texto los contrarios de estas palabras.

1 tarde ....
2 benéfico ....
3 noche ....
4 bajar ....
5 pequeño ....
6 bajo ....
7 antes ....
8 salir ....
9 cerca ....
10 alejarse ....

Expresión escrita

DELE **4** Usted se ha encontrado un animal. Escriba un correo electrónico a un amigo. En él debe:

- explicarle de qué animal se trata y describirlo
- contarle cuándo y dónde lo encontró
- describirle el animal
- decirle qué piensa hacer
- saludar y despedirse

Número de palabras: entre 70 y 80.

Expresión e interacción oral

DELE **5** Duración 3 ó 4 minutos. Usted y su compañero quieren comprar una mascota. Su compañero piensa que es mejor un loro.

Usted debe:

1 decir a su compañero que prefiere un perro.
2 explicar por qué prefiere un perro.
3 llegar a un acuerdo.

Su compañero debe:

1 decir que prefiere un loro.
2 explicar por qué prefiere un loro.
3 llegar a un acuerdo.

Por fin llegó a casa y se miró en el espejo. ¡Pobre Pedrito! Era el pájaro más raro y más feo del mundo. Tenía vergüenza de presentarse a los niños y se fue a esconder dentro del tronco de un eucalipto.

Notando su ausencia, los niños empezaron a buscarlo por todas partes, pero no lo encontraron.

Todas las tardes, a la hora del té, se acordaban siempre del loro y de cuánto le gustaba el té con leche. ¡Pobre Pedrito! Lloraban porque pensaban que había muerto.

Pedrito seguía escondido y salía del tronco solamente por la noche para comer. Se miraba en el espejo y estaba muy triste porque las plumas tardaban mucho en crecer.

Finalmente, un día por la tarde que la familia estaba tomando el té, Pedrito entró muy tranquilo volando con sus bellísimas plumas.

Los niños estaban contentísimos, pero el loro no hablaba y no les contó nada, y solo comía pan mojado en té con leche.

A la mañana siguiente, Pedrito le contó al dueño.

—¡Ni una pluma en la cola de Pedrito! ¡Ni una pluma! ¡Ni una pluma!

Así que decidieron ir a cazar al tigre entre los dos. El loro tenía que distraer al tigre y decirle al dueño dónde estaba, para matarlo.

El loro se sentó en la rama del árbol y hablaba y hablaba, mirando a todos lados para ver si venía el tigre.

Finalmente oyó un ruido de ramas partidas y vio debajo del árbol dos luces verdes fijas en él.

Entonces el loro empezó a gritar:

—¡Qué día más bonito!... ¡Rica papa!... ¿Quieres té con leche?...

El tigre reconoció al loro que creía muerto y con sus ojos llenos de ira respondió con su voz ronca:

—¡Acércate más! ¡Soy sordo!

El loro voló a otra rama más cerca, siempre hablando:

—¡Rico pan con leche!... ¡ESTÁ AL PIE DE ESTE ÁRBOL!...

—¿Con quién estás hablando? —rugió el tigre —¿A quién le has dicho que estoy al pie de este árbol?

—¡A nadie, a nadie! —gritó el loro— ¡Buenos días Pedrito!...

Pero él le avisaba al hombre, el cual se acercaba con el fusil.

El loro no podía acercarse más, y entonces gritó:

—¡Rico té con leche!... ¡CUIDADO, VA A SALTAR!

El tigre dio un enorme salto, pero Pedrito lo evitó, lanzándose en el aire como una flecha. En el mismo momento, el hombre disparó y mató al tigre que, lanzando un bramido que hizo temblar el monte, cayó muerto.

Desde entonces, todos en la casa vivieron muy contentos. Pero el loro no se olvidaba del tigre, y todas las tardes, cuando entraba en el comedor para tomar el té, se acercaba siempre a la piel del tigre, extendida delante de la estufa y lo invitaba a tomar té con leche.

—¡Rica papa!... —le decía—. ¿Quieres té con leche?... ¡La papa para el tigre!...

Y todos se morían de risa. Y Pedrito también.

Después de leer

Comprensión lectora

DELE ① Después de leer el texto, contesta a las preguntas marcando la opción correcta con una ✗.

1 El loro tenía vergüenza de los niños

    a ☐ porque se fue sin avisarles.

    b ☐ porque era muy feo.

    c ☐ porque ya no hablaba.

2 Pedrito salía de su escondite solo

    a ☐ por la mañana.

    b ☐ cuando era de noche.

    c ☐ para beber agua.

3 Pedrito le contó al hombre lo que le había pasado

    a ☐ en poco tiempo.

    b ☐ llorando de dolor.

    c ☐ desde la cima del árbol.

4 La piel del tigre la usan

    a ☐ como mantel para la mesa.

    b ☐ como alfombra.

    c ☐ para asustar a los niños.

5 Al acabar el cuento todo el mundo

    a ☐ se muere.

    b ☐ se pone contento.

    c ☐ está triste.

6 El personaje malo en este cuento es

    a ☐ el cazador.

    b ☐ el tigre.

    c ☐ el loro.

2 Lee la primera y la segunda parte del texto y asocia cada frase al personaje correspondiente.

1 Un día le disparó a un loro y cayó al suelo herido.

....

2 Por la tarde comían naranjas.

....

3 Como eran las cinco, tenía ganas de comer té con leche.

....

4 Se enfadó porque lo que quería era comerse al pájaro.

....

5 Viendo que no aparecía, empezaron a buscarlo por todas partes.

....

6 Estaban contentísimos pero el loro no les contaba nada.

....

7 Decidieron ir a cazar al tigre.

....

8 "Acércate más, soy sordo".

....

9 Tenía que acercarse y matarlo con el fusil.

....

Gramática

Pretérito indefinido

Expresa acciones ya concluidas en el pasado, señalado por un marcador temporal: ayer, la semana pasada, el mes/año pasado, hace cinco años, el otro día...

Formas regulares:

	amar	**comer**	**partir**
yo	am-é	com-í	part-í
tú	am-aste	com-iste	part-iste
él, ella, usted	am-ó	com-ió	part-ió
nosotros/as	am-amos	com-imos	part-imos
vosotros/as	am-asteis	com-isteis	part-istesis
ellos, ellas, ustedes	am-aron	com-ieron	part-ieron

3 Ahora vas a contar lo que te pasó ayer. Completa las frases con el tiempo adecuado del pretérito indefinido o del pretérito imperfecto.

Ayer, mientras (**1**) .... (*pasear*) por el parque, (**2**) ....
(*encontrar*) un lorito herido debajo de un árbol. Lo (**3**) ....
(*coger*) y lo (**4**) .... (*llevar*) a mi casa. El loro (**5**) ....
(*tener*) un ala rota y no (**6**) .... (*poder*) volar. El veterinario
lo (**7**) .... (*curar*) y una semana después, ya (**8**) ....
(*estar*) bien. Le (**9**) .... (*enseñar*) a decir algunas palabras y
todas la mañanas me (**10**) .... (*saludar*) y me (**11**) ....
(*decir*) "ciao". Me (**12**) .... (*hacer*) mucha compañía. Un día
(**13**) .... (*ir*) al colegio y me (**14**) .... (*dejar*) la ventana
de mi habitación abierta. Cuando (**15**) ...., (*volver*) el loro
ya no (**16**) .... (*estar*) Me (**17**) .... (*quedar*) triste,
pero en el fondo me (**18**) .... (*alegrar*) porque ahora, el loro
(**19**) .... (*volar*) libre por el parque.

Léxico
4 Sustituye las expresiones en negrita por su sinónimo.

a muy alegres
b dándose cuenta de
c rabia
d encantaba
e sonido
f al mismo tiempo
g ¡atención!
h ha vuelto a volar

1 ☐ El loro oyó un **ruido** de ramas partidas.
2 ☐ El tigre reconoció al loro y tenía sus ojos llenos de **ira**.
3 ☐ Al loro le **gustaba** mojar el pan en el te con leche.
4 ☐ Los niños estaban **contentísimos** cuando vieron al loro.
5 ☐ **Notando** su ausencia, empezaron a buscarlo.
6 ☐ El tigre va a saltar, ¡**cuidado**!
7 ☐ Desde que le han salido las plumas, el loro **vuela de nuevo**.
8 ☐ **En el mismo momento**, el cazador disparó y mató al tigre.

Expresión escrita

5 **Estas son las fotos de un viaje que hizo hace dos meses.**

Escriba un texto para su blog de Internet. Tiene que contar:

- cómo fue (medio de transporte)
- cómo era el sitio donde fue y qué había allí
- con quién fue
- qué hizo y qué lugares visitó
- valoración del viaje

Número de palabras: entre 30 y 40.

La selva amazónica

La Amazonía

La Amazonía está situada en la parte central y septentrional de América del Sur. Es la selva tropical atravesada por el río Amazonas.

Es el bosque tropical más extenso del mundo. La Amazonía está repartida entre ocho naciones: Brasil, Perú, Colombia, Venezuela, Ecuador, Bolivia, Guyana, Surinam y Guyana francesa.

A este ecosistema se le llama el Pulmón del Planeta.

Debido a las lluvias y la consiguiente humedad, existen innumerables especies de plantas todavía sin clasificar.

Por lo que se refiere a la fauna, existen miles de aves, gran cantidad de anfibios y millones de insectos.

Entre los mamíferos, destacan los monos, el puma, el jaguar, el tapir, los ciervos... En sus ríos nadan dos especies de delfines.

Entre los reptiles están las tortugas, los caimanes, los cocodrilos y gran cantidad de serpientes, entre ellas la anaconda, la mayor del mundo, que puede medir más de 6 metros.

Un 20% de las especies mundiales de aves se encuentra en el bosque amazónico: tucanes, guacamayos, loros, el águila harpía.

La mayor cantidad de peces que se encuentran en las tiendas y acuarios de todo el mundo provienen de esta selva.

La mayoría de los pobladores de esta región se concentra en las ciudades a orillas del río Amazonas: Iquitos, Manaos, Belem.

La deforestación amazónica

La selva amazónica está desapareciendo de una forma alarmante y lo mismo se puede decir de las selvas tropicales existentes en el mundo. La selva desaparece a un ritmo de 8 campos de fútbol por minuto.

Algunas de las causas de la deforestación son:

El **talo de árboles** para exportación y su uso comercial para la construcción de muebles o también para la industria papelera, libros, periódicos, revistas...

La **cría de animales**, sobre todo vacas que necesitan grandes extensiones de tierra para alimentarse.

El **cultivo** practicado en mayor escala es el de la soja. Pero después de tres o cuatro cosechas [1] consecutivas, dada la pobreza del suelo, la tierra se extingue y los agricultores avanzan cada vez más hacia el interior de la Amazonía en busca de nuevas tierras vírgenes.

La **construcción de carreteras y caminos** en la selva amazónica desde los años 70 no se ha parado, contando su red con unos 15.000 kilómetros. Los diques o presas hidroeléctricas constituyen un impacto negativo sobre la vida salvaje local, sobre todo para los peces migratorios y amenazan la sobrevivencia del delfín rosado amazónico.

Las consecuencias principales de la deforestación son:

- la **erosión** del suelo
- la **contaminación** del agua y del aire
- la **extinción de plantas y animales**
- aumento del **calentamiento** de la corteza terrestre
- desaparición de **tribus amazónicas**
- **epidemias** de malaria.

1. **cosecha** : conjunto de frutos o cereales que se recogen cuando maduran.

Si seguimos a este ritmo, en pocos años desaparecerán los bosques del planeta con consecuencias catastróficas para todos nosotros. Todavía estamos a tiempo para salvar la Amazonía.

Comprensión lectora

1 **Asocia cada palabra a la foto correspondiente.**

1	el tucano	**3**	el caimán	**5**	el ciervo
2	el águila harpía	**4**	el mono	**6**	el delfín

A B C
D E F

2 **Lee "La Amazonía" y rellena los espacios con la palabra adecuada.**

1 Para dar de comer a los .... son necesarias grandes extensiones de terreno.

2 Con la construcción de ...., los peces que emigran no sobreviven.

3 La planta de la .... es la que se cultiva mayormente.

4 En una hora desaparece el equivalente de .... campos de fútbol de selva.

5 A causa de la deforestación, el .... y el .... están contaminados.

6 La deforestación trae como consecuencia la .... de algunas tribus amazónicas.

El potro salvaje

Antes de leer

Léxico

1 En el primer capítulo de «El potro salvaje» salen las palabras siguientes. Asocia cada una de ellas con las imágenes y después con sus significados correspondientes.

a paja   **c** torbellino   **e** escaparate
b tallo   **d** pesebre   **f** nariz

 A

 B

 C

 D

 E

 F

1 ☐ Lugar donde se les pone la comida a los caballos.

2 ☐ Caña triturada de los cereales, separada del grano, por ejemplo del trigo, cebada…

3 ☐ Órgano situado encima de la boca en el que están los orificios que comunican con el sentido del olfato y el aparato respiratorio.

4 ☐ Parte de las plantas que va desde la raíz hasta las ramas, hojas, flores y frutos.

5 ☐ Hueco en la fachada de las tiendas donde se exponen las mercancías.

6 ☐ Remolino de viento, polvo, etc.

PRIMERA PARTE

Era un caballo, un potro de corazón ardiente, que llegó del desierto
a la ciudad, a vivir del espectáculo de su velocidad.

Ver correr a aquel animal era increíble. Corría con la crin al
viento y el redoble de sus cascos en la tierra no se podía medir.

Corría sin reglas, en cualquier dirección del desierto y a cualquier
hora del día.

No existían pistas para la libertad de su carrera: poseía
extraordinaria velocidad, energía y un ardiente deseo de correr.

El potro tenía pocas aptitudes para el trabajo, y como en el
desierto no había comida para todos se dirigió a la ciudad.

Al principio, ofreció gratis el espectáculo de su gran velocidad,
pues todos ignoraban el corredor que había en él.

En las bellas tardes, cuando la gente poblaba los campos
inmediatos a la ciudad, y sobre todo los domingos, el joven potro
trotaba a la vista de todos, arrancaba de golpe, se detenía, trotaba
de nuevo y se lanzaba por fin a toda velocidad, tendido en una
carrera loca, pues aquel joven potro, como ya hemos dicho, ponía
en sus narices, en sus cascos y su carrera, todo su ardiente corazón.

A pesar de todo, las gentes se retiraron sin apreciar su carrera.

—"No importa —se dijo el potro alegremente—. Iré a ver a un empresario de espectáculos y ganaré lo suficiente para vivir"

Hasta entonces había pasado mucha hambre. Por eso decidió ir a ver a un organizador de fiestas.

—Yo puedo correr ante el público —dijo el caballo—si me pagáis por ello. No sé cuánto puedo ganar, pero mi modo de correr le puede gustar a mucha gente.

—Sin duda... —le respondieron—. Siempre hay alguien que tiene interés por estas cosas. Pero no tienes que hacerte ilusiones. Con mucho sacrificio de nuestra parte podemos ofrecerte...

El potro bajó los ojos hacia la mano del hombre, y vio lo que le ofrecían: era un montón de paja, un poco de pasto seco.

—No podemos darte más.

El joven animal consideró el puñado de pasto con que se pagaban sus dotes de velocidad, y recordó qué poco apreciaban los hombres la libertad de su carrera, que cortaba en zig-zag las pistas.

—"No importa —se dijo alegremente—. Algún día se divertirán. Entretanto podré sostenerme con esta poca comida."

Y aceptó contento porque lo que él quería era correr.

Ese domingo y los siguientes corrió siempre dándose con toda el alma. Ni un solo momento pensó en seguir las rectas más fáciles para adular los espectadores. Comenzaba al trote como siempre, con las narices de fuego y la cola en arco. Hacía resonar la tierra antes de salir, para lanzarse a toda velocidad por el campo, en un verdadero torbellino de polvo y tronar de cascos. Y por premio, su puñado de pasto seco que comía contento después del baño.

—"No importa —pensaba alegremente—. Puedo darme por contento con este rico pasto."

Y continuaba corriendo con el hambre en el cuerpo, como siempre.

Después de leer

Comprensión lectora

DELE **1** Después de leer el texto contesta a las preguntas marcando la opción correcta con una X.

1 Según el texto el personaje del texto es

a ☐ un caballo joven.

b ☐ un caballo de trabajo.

c ☐ un caballo con jinete.

2 El potro se fue a la ciudad

a ☐ porque le gustaba estar entre la gente.

b ☐ porque en el desierto pasaba hambre.

c ☐ porque quería hacerse famoso.

3 Lo único que le interesaba al caballo era

a ☐ comer un buen pasto.

b ☐ gustar a la gente.

c ☐ correr libre.

4 El empresario de espectáculos

a ☐ le da una buena paga.

b ☐ es muy generoso.

c ☐ le da lo mínimo para sustentarse.

5 Después de tratar con el empresario, el caballo

a ☐ no quiere correr más.

b ☐ sigue corriendo como antes.

c ☐ quiere volver al desierto.

6 La cualidad principal del caballo es la de ser

a ☐ joven.

b ☐ sincero.

c ☐ veloz.

Comprensión auditiva

DELE **2** Usted va a escuchar una noticia de radio. Oirá la noticia dos veces. Después marque la opción correcta con una X.

1 La intención de esta noticia es informar sobre

a ☐ el tiempo atmosférico.

b ☐ una competición deportiva.

c ☐ un partido entre naciones.

2 La carrera de caballos

a ☐ se va a celebrar mañana.

b ☐ se ha celebrado hoy.

c ☐ se va a celebrar el domingo.

3 El hipódromo no estaba lleno

a ☐ porque hacía mal tiempo.

b ☐ porque el hipódromo era muy pequeño.

c ☐ porque los billetes eran muy caros.

4 A las doce

a ☐ la gente ha empezado a irse.

b ☐ ha empezado la carrera principal.

c ☐ ha comenzado a llover.

5 La carrera principal ha salido

a ☐ con una hora de retaso.

b ☐ con 15 minutos de retraso.

c ☐ cuatro horas más tarde.

6 La carrera la ha ganado un jinete

a ☐ español.

b ☐ árabe.

c ☐ italiano.

Gramática

Las preposiciónes

Las preposiciónes son un elemento invariable que en la frase une dos palabras relacionándolas.

*Llegó **del** desierto **a** la ciudad, **a** vivir **del** espectáculo **de** su velocidad.*

3 Coloca la preposición adecuada en cada frase.

1   El potro se fue a vivir .... la ciudad.

2   Corría .... las crines al viento.

3   La gente se fue .... apreciar la belleza de aquella carrera.

4   El potro se daba .... toda el alma en su carrera.

5   Antes .... salir, hacía resonar la tierra.

6   Corría .... toda velocidad por las pistas.

7   No existían pistas ni normas .... el potro.

8   Quería ver a un empresario y ganar lo suficiente .... vivir.

9   No tenía aptitudes para el trabajo, ... eso se fue a la ciudad.

10   Mientras comía su pasto seco, pensaba .... las ricas bolsas de avena y maíz.

Léxico

4 Asocia cada palabra a la foto correspondiente.

las orejas	la crin	la cola	el casco	la pata
las riendas	la silla de montar	la herradura		

A ____ B ____ C ____ D ____

E ____ F ____ G ____ H ____

Poco a poco, sin embargo, los paseantes de los domingos se  acostumbraron a la libertad de carrera del potro y comenzaron a decirse unos a otros que aquel espectáculo de velocidad salvaje, sin reglas ni obstáculos, causaba una bella impresión.

—No corre por los senderos, como es costumbre —decían —, pero es muy veloz. Tal vez tiene ese arranque porque se siente libre fuera de las pistas señaladas. Y se emplea a fondo.

En efecto, el joven potro se empleaba siempre a fondo por un puñado de pasto. Y tras el baño, comía contento de su ración, la ración mínima del más oscuro de los más anónimos caballos.

"No importa —se decía alegremente —algún día se divertirán."

Entretanto, el tiempo pasaba. Las voces corrieron por la ciudad, y llegó por fin un día en que los hombres empezaron a sentir una admiración confiada y ciega por aquel caballo de carrera.

Llegaron muchos organizadores de espectáculos a contratarlo, y el potro, ya en edad madura, vio cómo le ofrecían fardos de alfalfa[1], bolsas de avena y de maíz —todo en cantidad incalculable —por el solo espectáculo de una carrera.

Entonces, el caballo tuvo por primera vez un pensamiento de amargura pensando en su juventud.

"En aquel tiempo —se dijo melancólicamente— un solo puñado de alfalfa, me podía hacer el más feliz de los seres. Ahora estoy cansado."

En efecto, estaba cansado. Su velocidad era, sin duda, la misma de siempre, y el mismo el espectáculo de su salvaje libertad. Pero no poseía ya el ansia de correr de otros tiempos. Aquel vibrante deseo de tenderse a fondo, que antes el joven potro entregaba alegre por un montón de paja, ahora, necesitaba toneladas de exquisita comida para despertar. El triunfante caballo sopesaba largamente las ofertas, calculaba, discutía finalmente con sus descansos. Y era precisamente cuando los organizadores aceptaban todas sus exigencias, que sentía deseos de correr. Corría entonces, como él solo era capaz de hacerlo, y luego regresaba a deleitarse ante la magnífica comida que había ganado.

Los organizadores hacían verdaderos sacrificios para excitar, adular, comprar aquel deseo de correr que moría bajo la presión del éxito, sin embargo, cada vez, el caballo era más difícil de satisfacer. Y el potro comenzó a temer por su prodigiosa velocidad, si la entregaba toda en cada carrera. Corrió entonces por primera vez en su vida, reservándose, aprovechándose cautamente del viento y de las largas sendas regulares. Nadie lo notó porque creían ciegamente en su salvaje libertad para correr.

1. **alfalfa** : planta herbácea que sirve para alimentar el ganado.

Libertad...No, ya no la tenía. La había perdido desde el primer instante en que reservó sus fuerzas para no ceder en la carrera siguiente. No corrió más por el campo, ni a fondo, ni contra el viento. Corrió por los caminos más fáciles, sobre aquellos zig-zag que más ovaciones había obtenido. Y en el miedo siempre creciente de agotarse, llegó un momento en que el caballo de carrera aprendió a correr con estilo, engañando, moviéndose ágilmente por las sendas más fáciles. Y un clamor de gloria lo divinizó.

Pero los hombres que vieron aquel lamentable espectáculo, intercambiaron algunas tristes palabras.

—Yo lo he visto correr en su juventud —dijo el primero —; y me entran ganas de llorar recordando lo que hizo ese mismo caballo cuando no tenía qué comer.

—No es extraño lo que hizo antes —dijo el segundo —. Juventud y Hambre son el más preciado don que puede conceder la vida a un fuerte corazón.

Joven potro: empléate a fondo en tu carrera, aun teniendo poco que comer. Pues si llegas a la gloria sin valor y adquieres estilo para cambiarlo por una buena comida, te salvará solamente el haberte dado un día todo entero por un puñado de pasto.

Después de leer

Comprensión lectora

1 Completa el texto con las palabras del recuadro y ordena las secuencias.

> sendas   joven   domingos   admiración
> hambre   libertad   velocidad

a ☐ "Yo lo he visto correr cuando era .... y me entran ganas de llorar."

b ☐ Llegó un momento en que el caballo se movía ágilmente por las .... más fáciles.

c ☐ El potro comenzó a temer por su increíble ...., si la entragaba en cada carrera.

d ☐ Los paseantes de los ...., se acostumbraron a la libertad de carrera del potro.

e ☐ Finalmente, los hombres sentían una .... confiada y ciega por aquel caballo.

f ☐ Había perdido su .... desde el primer instante en que reservó sus fuerzas.

g ☐ Juventud y .... son el más preciado don que puede conceder la vida a un fuerte corazón.

Gramática

El acento

Todas las palabras tienen un acento. Una de las sílabas, la sílaba tónica, se pronuncia con más intensidad.

En español existe solo un acento gráfico o **tilde** (´). Se escribe sobre las vocales.

Las palabras pueden llevar la sílaba tónica:

- en la última, y se llaman **agudas**: amor, corazón...
- en la penúltima, y se llaman **llanas**: potro, cuaderno...
- en la antepenúltima, y se llaman **esdrújulas**: música, espérame...

Las palabras que llevan siempre tilde (´) son las esdrújulas.

2 En el texto salen 13 palabras esdrújulas. Escribe al menos diez de ellas en tu cuaderno.

Léxico

3 Sustituye las expresiones en negrita por su sinónimo correspondiente.

a	don	e	tras
b	bella	f	sin duda
c	ovaciones	g	con prudencia
d	tal vez	h	analizaba

1 ☐ Aquel espectáculo de velocidad causaba una **bonita** impresión.

2 ☐ **A lo mejor**, el potro tiene ese arranque porque se siente libre.

3 ☐ El potro comía contento de su ración **después del** baño.

4 ☐ Su velocidad era **indudablemente** la misma de siempre.

5 ☐ Corría por los caminos más fáciles, por los zig-zag que más **aplausos** había obtenido.

6 ☐ Juventud y hambre son el mejor **regalo** que puede conceder la vida a un fuerte corazón.

7 ☐ El triunfante caballo **sopesaba** largamente las ofertas, calculaba, discutía finalmente con sus descansos.

8 ☐ Corrió entonces aprovechándose **cautamente** del viento.

4 Ahora escribe en tu cuaderno por lo menos cinco frases utilizando las palabras en negrita del ejercicio anterior.

Expresión e interacción oral

5 Tienes la posibilidad de convertirte:

a en un caballo de carreras famosísimo o

b en un caballo salvaje.

Habla con tus compañeros de clase y explícales qué caballo quieres ser y por qué.

Las medias
de los flamencos

Antes de leer

Léxico

1 Lee lo que dicen algunos personajes de este cuento. Pon el nombre debajo de cada foto y asocia cada imagen a su frase.

flamencos   pez   tatù   yacaré   sapo   rana   lechuza   vibora

A	B	C	D

E	F	G	H

1. ☐ Me arrastro por el suelo. Cuando muerdo, mi veneno puede ser mortal.
2. ☐ Me gusta saltar y vivir en el agua.
3. ☐ Todos me dicen que soy feo. En verano me gusta cantar por la noche.
4. ☐ Nos pasamos la vida nadando ya sea en agua dulce que salada.
5. ☐ Nuestro elemento es el aire. Podemos volar miles de kilómetros. Tenemos las patas muy largas.
6. ☐ Vivo en la tierra y tengo un caparazón muy duro. Soy pariente de los dinosaurios.
7. ☐ Puedo vivir en el agua y en la tierra. Tengo una boca muy grande y como toda clase de animales.
8. ☐ Vuelo y tengo los ojos grandes y el pico pequeño. Me gusta la vida nocturna. Siempre voy a cazar por la noche.

Había una vez unas víboras que daban un gran baile. Invitaron a las ranas y a los sapos, a los flamencos, a los yacarés y a los peces. Los peces, como no caminan, no podían bailar. Estaban en la arena de la orilla del río y aplaudían con la cola.

Todos se habían adornado. Los yacarés llevaban un collar de bananas y fumaban cigarros paraguayos. Los sapos llevaban pegadas escamas de pescado en todo el cuerpo y caminaban moviéndose de un lado a otro. Los peces se burlaban de ellos.

Las ranas caminaban en dos pies con el cuerpo perfumado. Además, cada una llevaba colgada, como un farolito[1], una luciérnaga.

Pero las víboras eran preciosas. Vestían con traje de bailarina, del mismo color de cada víbora. Las víboras rojas llevaban una falda de tul[2] rojo; las verdes una de tul verde y las amarillas otra de tul amarillo; las yararás, una falda de tul gris, porque así es el

1. **farolito** : diminutivo de farol. Caja transparente con una luz para alumbrar.
2. **tul** : tejido fino y transparente de seda o algodón, con forma de malla.

color de las yararás. Las víboras de coral eran las más espléndidas: vestían larguísimas gasas rojas, blancas y negras. Todas danzaban y todos los invitados aplaudían como locos.

Los flamencos estaban tristes no sabían cómo adornarse. Cuando veían pasar a las víboras de coral, los flamencos se morían de envidia.

Un flamenco dijo entonces:

—Vamos a ponernos medias ³ rojas, blancas y negras, y las víboras de coral se van a enamorar de nosotros.

Levantaron el vuelo y fueron a preguntar en una tienda del pueblo.

—¡Tan —tan! —llamaron a la puerta con las patas.

—¿Quién es? —respondió el tendero.

—Somos los flamencos. Tienes medias rojas, blancas y negras?

—¿Estáis locos? En ninguna parte vais a encontrar medias así.

Entonces, los flamencos fueron a otra tienda.

—¡Tan —tan! ¿Tienes medias rojas, blancas y negras?

—¿Cómo? ¿Rojas, blancas y negras? No hay medias así en ninguna parte. Vosotros estáis locos.

Fueron a otra tienda y, después de oír la pregunta, el tendero les echó con la escoba. Recorrieron todas las tiendas, pero en todas les echaban por locos. Un tatú quería burlarse de los flamencos y les dijo:

—¡Buenas noches, señores flamencos! Yo sé lo que estáis buscando. La única que tiene medias así es mi cuñada la lechuza. Los flamencos le dieron las gracias y se fueron volando.

En poco tiempo, llegaron a la cueva de la lechuza:

—¡Buenas noches, lechuza! Venimos a pedirte las medias rojas, blancas y negras. Hay una fiesta y si nos ponemos esas medias, las víboras de coral se va a enamorar de nosotros.

—¡Con mucho gusto! —respondió la lechuza— Esperad un segundo y vuelvo enseguida.

3. **medias** : prenda de vestir que cubre desde los pies hasta las rodillas.

Después de leer

Comprensión lectora

DELE **1** **Después de leer el texto, conteste a las preguntas marcando la opción correcta con una X.**

1 Según el texto, la fiesta la organizan

   a ☐ las ranas.

   b ☐ las víboras.

   c ☐ los flamencos.

2 Los animales más elegantes eran

   a ☐ las yararás.

   b ☐ los yacarés.

   c ☐ las víboras de coral.

3 Los peces se reían

   a ☐ de los flamencos.

   b ☐ de los sapos.

   c ☐ de las ranas.

4 Algunos animales estaban tristes

   a ☐ porque no sabían bailar.

   b ☐ porque no los habían invitado a la fiesta.

   c ☐ porque no sabían cómo vestirse.

5 El tatú y la lechuza son

   a ☐ parientes.

   b ☐ amigos.

   c ☐ compañeros.

6 Los flamencos se van de la fiesta

   a ☐ porque tienen envidia de las víboras.

   b ☐ porque no saben bailar.

   c ☐ para comprar una prenda de vestir.

2 Di qué personaje se esconde en cada frase.

1 Vamos a organizar una fiesta invitando a muchos animales.

....

2 No podemos bailar pero aplaudimos a los bailarines.

....

3 Somos los únicos que fumamos en la fiesta.

....

4 ¡Qué envidia nos dan las vívoras de coral!

....

5 En ningún sitio vais a encontrar medias de colores.

....

6 Sé lo que los flamencos están buscando.

....

7 Solo yo tengo lo que quieren los flamencos.

....

Gramática

Hay, está/están

- **Hay**, es una forma impersonal del verbo auxiliar haber.
  Sirve para el singular y el plural y se usa cuando nos referimos a cosas y objetos indeterminados. Indica la existencia.

- **Está/están**, se usa cuando nos referimos a personas y cosas bien determinadas. También para localizar en el espacio.

3 Elije entre *hay* y *está* - *están*:

1 En la selva .... muchos animales.
2 Los peces .... en la orilla del río.
3 La lechuza .... en la cueva.
4 Los flamencos .... en la laguna.
5 En casa de mi amigo .... un loro que me gusta.
6 Mi gato siempre .... en la ventana.
7 En esta tienda no .... nada que me gusta.
8 Mi hermano no .... ahora, llama más tarde.
9 En este momento no .... nadie en casa.
10 Hoy no .... el profe de Historia.

Expresión e interacción orales

DELE **4** Simulación: Diálogo con el/la profe

Imagine que quiere ir de vacaciones. Va a una agencia de viajes y habla con el empleado de la agencia durante 2 ó 3 minutos sobre el tipo de viaje que quiere hacer.

PROFE: Hola, buenos días/buenas tardes.

TÚ: Hola...

PROFE: Dígame, ¿en qué puedo ayudarlo/la?

TÚ: Quiero información sobre...

PROFE: ¿Qué prefiere? ¿Playa, montaña o ciudad? ¿Cerca o lejos?

TÚ: Me gusta...

PROFE: (explica las ofertas que hay)

TÚ: Pues prefiero...

PROFE: ¿Cuándo quiere partir? ¿Qué mes?

TÚ: Quiero partir...

PROFE: Ese mes no tenemos plazas.

TÚ: Pues entonces....

PROFE: De acuerdo, aquí tiene la reserva.

TÚ: (das las gracias y te despides)

5 Usted debe describir la foto a sus compañeros de clase durante 2 ó 3 minutos. Describe las personas, su modo de vestir y lo que están haciendo, de qué tipo de acontecimiento se trata, etc.

Léxico

6 Sustituye las partes en negrita de cada frase por un sinónimo.

a se burlaban	**d** ninguna parte	**g** alrededor del
b aplaudieron	**e** daban vueltas	**h** gruta
c levantaron	**f** colgaba	

1 ☐ Cuando acabó el concierto, todos **batieron las manos** con entusiasmo.

2 ☐ Los peces **se reían** de los sapos porque bailaban muy mal.

3 ☐ De cada una de las ranas **pendía** una luciérnaga.

4 ☐ Las vívoras de coral **giraban** apoyadas en la punta de la cola.

5 ☐ Los flamencos **alzaron** el vuelo y cruzaron el río.

6 ☐ No hay medias blancas, rojas y verdes en **ningún sitio**.

7 ☐ Los animales bailaban **en torno** al fuego.

8 ☐ Los flamencos llegaron muy pronto a la **cueva** de la lechuza.

Expresión escrita

7 Su ciudad ha organizado una semana cultural. Aquí están las fotos de las distintas actividades. Escriba un artículo para la revista mensual de su colegio. Deberá contar:

• ¿Cuándo ha sido la semana cultural?

• ¿En qué actividades ha participado?

• ¿Qué es lo que más le ha gustado?

• ¿Qué ha aprendido?

Número de palabras: entre 70 y 80.

Al poco tiempo, la lechuza volvió con las medias. Pero no eran medias, sino pieles de víboras de coral, recién sacadas a las víboras que la lechuza había cazado.

—Aquí están las medias —les dijo —. Tenéis que hacer una sola cosa: bailar toda la noche sin parar, bailar de pie, de lado, de cabeza... pero sin parar un momento, porque si os paráis, en vez de bailar, vais a llorar.

Pero los flamencos no entendieron dónde estaba el peligro. Se pusieron las pieles de víbora de coral en las patas y se fueron volando al baile.

Cuando llegaron con sus bellísimas medias, todos les tenían envidia y las víboras querían bailar únicamente con ellos, y como los flamencos no dejaban un instante de mover las patas, las víboras no podían ver bien de qué estaban hechas aquellas preciosas medias.

Las víboras estaban inquietas y poco a poco, comenzaron a desconfiar.

Intentaban tocar con la lengua las patas de los flamencos, porque la lengua de las víboras es como la mano de las personas.

Pero los flamencos bailaban y bailaban sin parar, aunque ya estaban muy cansados y no podían más...

Las víboras pidieron a las ranas los farolitos que llevaban colgados al cuello, y esperaron.

Un minuto después, un flamenco tropezó[2] con el cigarro de un yacaré y cayó al suelo cansadísimo. Entonces, las víboras de coral alumbraron bien las patas del flamenco y vieron lo que eran aquellas medias.

Lanzaron un silbido[3] que se oyó en toda la selva.

—¡No son medias! —gritaron las víboras—. ¡Nos han engañado! Los flamencos han matado a nuestras hermanas y se han puesto sus pieles como medias!

Los flamencos, llenos de miedo querían volar, pero no podían porque estaban demasiado cansados.

Entonces, las víboras se enroscaron en sus patas, les rompieron las medias y les mordían para matarlos con su veneno.

Los flamencos se metieron en el agua gritando de dolor y sus patas que eran blancas, estaban rojas por el veneno de las víboras.

Esto pasó hace muchísimo tiempo. Y ahora todavía están los flamencos casi todo el día con sus patas rojas metidas en el agua, tratando de calmar el dolor que sienten.

A veces es tan grande el dolor, que encogen una pata y pasan así horas enteras, porque no pueden estirarla.

Esta es la historia de los flamencos que antes tenían las patas blancas y ahora las tienen rojas. Todos los peces lo saben y se burlan de ellos. Pero los flamencos no pierden ocasión de vengarse, comiéndose a todos los peces que se acercan demasiado a burlarse de ellos.

2. **tropezar** : dar con los pies en un obstáculo, caerse.
3. **silbido** : sonido agudo que se produce al hacer salir el aire por la boca.

Después de leer

Comprensión lectora

DELE **1** A continuación va a leer ocho textos. Después seleccione el texto a-h que corresponde a cada enunciado 1-5. Tiene que seleccionar cinco textos.

1 No consiguen levantar el vuelo.

2 No se dan cuenta del riesgo que corren.

3 Están agotados de tanto bailar.

4 La lechuza los ha engañado.

5 No se fían de los flamencos.

a ☐ Al poco tiempo, la lechuza vuelve con las medias. Pero no son medias, sino pieles de víboras de coral, recién sacadas a las víboras que la lechuza ha cazado.

b ☐ Los flamencos no entienden dónde está el peligro. Se ponen las pieles de víbora de coral en las patas y se van volando al baile.

c ☐ Las vívoras están inquietas y poco a poco, comienzan a desconfiar.

d ☐ Un minuto después, un flamenco tropieza con el cigarro de un yacaré y cae al suelo cansadísimo.

e ☐ Los flamencos se meten en el agua gritando de dolor y sus patas que eran blancas, están rojas por el veneno de las víboras.

f ☐ Los flamencos, llenos de miedo quieren volar, pero no pueden porque están demasiado cansados.

g ☐ los flamencos no pierden ocasión de vengarse, comiéndose a todos los peces que se acercan demasiado a burlarse de ellos

h ☐ Y ahora todavía están los flamencos casi todo el día con sus patas rojas metidas en el agua, tratando de calmar el dolor que sienten.

Comprensión auditiva

14 **2** Escucha el capítulo y completa las frases con las palabras adecuadas.

1. No eran medias, sino .... de víboras de coral.
2. Tenéis que hacer una sola cosa .... toda la noche sin parar.
3. La .... de las víboras es como la mano de las personas.
4. Los flamencos bailaban y bailaban sin parar, aunque ya estaban muy ....
5. Antes, los flamencos tenían las patas .... y ahora las tienen rojas.
6. Las víboras se enroscaron en sus patas, y les mordían para .... con su veneno.
7. Los flamencos no .... ocasión de vengarse, comiéndose a todos los peces que se acercan.

Gramática

Haber y tener

Haber se utiliza como auxiliar en los verbos compuestos y no tiene ningún significado. Solo en algunas formas impersonales: hay, había, ha habido...

Tener significa posesión.

3 Elije entre *haber* y *tener* y ponlos en el tiempo adecuado.

En la cima de aquel árbol (**1**) .... un loro que (**2**) .... unas plumas muy bonitas.

En el parque de mi barrio (**3**) .... muchos gatos y algunos (**4**) .... el pelo gris. Mi amigo Carlos (**5**) .... un perro que (**6**) .... casi veinte años. (**7**) .... animales que (**8**) .... una inteligencia casi humana. Y (**9**) .... chimpancés que (**10**) .... un código genético muy parecido al nuestro. (**11**) .... personas que se sienten solas y (**12**) .... una mascota en casa, puede ayudarles mucho. Hoy (**13**) .... mucho sueño porque ayer volví a casa muy tarde. (**14**) .... días que me levanto a las doce.

Léxico

4 Une cada palabra con su contrario.

1	☐	mucho	a	acercarse
2	☐	menos	b	sacar
3	☐	reír	c	poco
4	☐	meter	d	nadie
5	☐	bello	e	más
6	☐	confiar	f	antes
7	☐	vacío	g	lleno
8	☐	pequeño	h	desconfiar
9	☐	después	i	feo
10	☐	alejarse	j	llorar
11	☐	alguien	k	grande

Expresión e interacción orales

DELE **5** Usted está en clase y tiene que describir las siguientes fotografías a sus compañeros.

- ¿Qué ve en las fotos? ¿Dónde están los animales?
- ¿Has jamás estado en un zoo?
- ¿Qué conclusión saca de todo esto?

AMISTAD

Las cadenas son el símbolo de la esclavitud. Joseph Cinqué se rebela y lucha hasta que consigue su libertad y la de sus compañeros.

En los primeros meses del año 1939, unos 500 africanos fueron secuestrados en Sierra Leona y llevados a La Habana, Cuba, que era una colonia española. Allí fueron vendidos como esclavos.

Cincuenta y tres de ellos fueron trasladados a la embarcación de vela española "La Amistad" para conducirlos a Puerto Príncipe y trabajar como esclavos en las plantaciones.

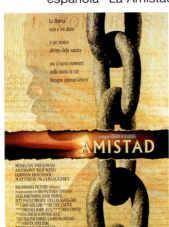

Uno de los africanos, Joseph Cinqué, junto con sus compañeros, se rebeló y se apoderó de la embarcación. Querían volver a África, pero en la costa estadounidense fueron capturados por un barco americano.

El caso ayudó al movimiento **abolicionista** (de la esclavitud). En 1840, una corte federal sentenció que el secuestro de los individuos en su tierra natal, y el posterior transporte, eran ilegales. En 1842 los africanos raptados pudieron volver a su tierra natal.

Todo esto sirvió de inspiración para la película *Amistad*, dirigida por Steven Spielberg, estrenada en 1997, con las actuaciones, entre otros, de los actores Anthony Hopkins y Morgan Freeman.

1 Un compañero tuyo es prepotente y violento, sobre todo con los más débiles. ¿Cómo te comportas en este tipo de situaciones? Elige una de las tres opciones y di por qué.

1 Te enfrentas al violento y le dices que lo que está haciendo está muy mal y tiene que dejar de molestar a los compañeros.

2 Te callas pensando que antes o después alguien se lo dirá.

3 Vas a decírselo al director del colegio para que tome las medidas necesarias.

Julio César Arana

La fiebre del caucho

Recorriendo las tierras americanas, los exploradores españoles del nuevo mundo, vieron que los indígenas usaban una sustancia parecida a la leche. La extraían de unos árboles que crecían en unas regiones en torno al río Amazonas. Servía como pegamento, para cerrar herméticamente sus vasijas... Los aztecas hacían pelotas de este material para uno de sus juegos preferidos: el juego de la pelota.

Pasó mucho tiempo antes de conocer todas las posibilidades de aquel material, ya que era muy difícil manipularlo.

Hasta que a mediados del siglo XIX, y de forma casual, el estadounidense Charles Goodyear descubrió la vulcanización, un proceso que hacía del caucho una materia indeformable.

"El árbol de las lágrimas blancas" del que se extraía la sustancia, se convirtió en el gran objeto del deseo. El caucho era uno de los compuestos químicos más importantes para la sociedad moderna.

Con él se construían los neumáticos y muchos otros artículos de goma.

Nativos colombianos extraen caucho

Actualmente se emplea también para la fabricación de muchos artículos deportivos como el balón, la pelota, las suelas para las zapatillas de deporte y para los zapatos, chicles, ropa impermeable, trajes de buceo...

Desde entonces, el Amazonas sufrió una gran explotación que afectó a países como Brasil, Perú y Colombia.

Las dificultades para encontrar mano de obra barata en la zona, llevó a algunos productores y multinacionales europeas a utilizar a los indígenas, convirtiendo su vida en un infierno. Durante más de treinta años, muchos de sus habitantes fueron asesinados y otros secuestrados y utilizados como esclavos.

Eran reclutados a la fuerza y obligados a entregar un cierto número de kilos de goma al mes.

Solo en la región del Putumayo, en Perú y Colombia, durante la primera década del siglo XX, murieron 40.000 indios de los 50.000

Extracción del caucho

que antes vivieron allí. Julio César Arana fundó en 1907 la Peruvian Amazon Company, con sede en Londres y participación de capital inglés. Este hombre fue el más poderoso y feroz explotador, provocando un auténtico genocidio en esa región. Una de las etnias que sufrió mayormente esta hecatombe, fue la de los Huitotos.

En la memoria de los ancianos, todavía se recuerda esa época de terror.

Muchos de los pueblos que actualmente viven aislados en diversas regiones de la Amazonía, huyeron de los caucheros y desde ese momento evitan el contacto con la así llamada "civilización".

Comprensión lectora

1 Después de haber leído el texto, marca con una ✗ si las afirmaciones son verdaderas (V) o falsas (F).

		V	F
1	El caucho se descubrió en tiempos de la conquista de América.	☐	☐
2	Los caucheros reclutaban a los indígenas para mejorar su nivel de vida.	☐	☐
3	Julio César Arana era un cauchero inglés.	☐	☐
4	En los primeros diez años del siglo XX murieron unos 40.000 Indígenas.	☐	☐
5	Las ruedas de los coches se fabrican con el caucho.	☐	☐

Gramática

1 Elige la opción correcta de una de las tres que se te proponen.

1 En la selva ...... muchas clases de animales.

   a ☐ están   **b** ☐ hay   **c** ☐ son

2 El tigre ...... al árbol con el domador en la boca.

   a ☐ sale   **b** ☐ baja   **c** ☐ sube

3 Para estar en forma ...... hacer ejercicio.

   a ☐ tiene que   **b** ☐ me necesita   **c** ☐ hay que

4 Las especies desaparecen ...... se talan los árboles.

   a ☐ por que   **b** ☐ porque   **c** ☐ pues que

5 En la selva tropical llueve ....

   a ☐ tanto   **b** ☐ muy   **c** ☐ mucho

6 El loro y el dueño fueron ...... la selva a cazar el tigre.

   a ☐ en   **b** ☐ a   **c** ☐ de

7 Los flamencos no están porque ...... irse a comprar las medias.

   a ☐ quieren de   **b** ☐ buscan de   **c** ☐ acaban de

8 Cuando murió su madre, Juan ...... ocho años.

   a ☐ había   **b** ☐ tenía   **c** ☐ tiene

9 Horacio Quiroga murió en ...... casa en Buenos Aires,

   a ☐ suya   **b** ☐ su   **c** ☐ la su

10 Si quieres ir a Argentina ...... coger el avión.

   a ☐ necesita   **b** ☐ debe   **c** ☐ tienes que

11 El caucho se emplea.......... la fabricación de los neumáticos.

   a ☐ por   **b** ☐ para   **c** ☐ de

12 Los ríos son........... grandes que no se ve la otra orilla.

   a ☐ tanto   **b** ☐ así   **c** ☐ tan

Léxico

2 **Crucigrama. Resolviendo las horizontales, aparecerá el nombre del autor de *Relatos y Cuentos de la selva* en la 1 vertical.**

1 Así se llama a los tigres cuando son muy pequeños.

2 Al loro Pedrito le gustaba estar en el ……….

3 Los niños ………. porque creían que el loro había muerto.

4 Quiroga bebe un vaso para suicidarse.

5 Van a comprar medias para la fiesta de las víboras.

6 Las ranas la llevaban colgada del cuello.

7 Ahora, los flamencos tienen las patas de color ……….

8 El domador llevaba una roja.

9 Nombre del niño tigre.

10 Con él golpea a Juan el domador.

11 El apellido de Juan.

12 La serpiente más grande.

13 Matar a miles de personas se llama ……….

14 Vivían en el noreste de Argentina antes de los conquistadores.

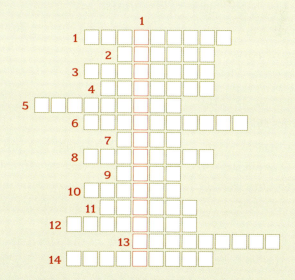

Comprensión auditiva

15 **3** Vas a escuchar algunas estrofas de la canción de un cantautor español. Rellena los espacios con la palabra adecuada.

¿QUÉ VA A SER DE NOSOTROS?

1 ¡Qué va a ser de nosotros, qué va a ser!,
cuando caiga (**1**) .... bajo el hacha
el último(**2**) .... de la selva
o el (**3**) .... asesino de un pirata
queme el último(**4**) .... de la tierra.

2 ¡Qué va a ser de nosotros, qué va a ser!,
cuando un día muera arponeada
la última (**5**) .... de los mares
y sin (**6**) ...., tras una bocanada,
caiga el último (**7**) .... bajo las redes.

3 ¡Qué va a ser de nosotros, qué va a ser!,
cuando la última hierba en la pradera
la sofoquen toneladas de (**8**) ....,
y agonice el (**9**) .... y la pantera,
y todo se convierta en un (**10**) ....

4 ¡Qué va a ser de nosotros, qué va a ser!,
cuando el último trozo de azul (**11**) ....
y el (**12**) .... lucero en la mañana
los borre una nube de (**13**) .... negro
y la vida se acabe y no haya (**14**) ....
¿Qué va a ser de nosotros, qué va a ser?

4 Une las dos columnas según convenga.

1 ☐ El hacha
2 ☐ El pirómano
3 ☐ Matan a las ballenas
4 ☐ Los peces
5 ☐ La hierba verde
6 ☐ Al final, toda la tierra
7 ☐ ¿Qué va a ser de nosotros

a si la vida se acaba?
b la cubre el cemento.
c se convierte en un desierto.
d abate todos los árboles.
e con arpones.
f caen en las redes.
g quema selvas y bosques.